MORCEAU D'ARCHIT∴

PRONONCÉ A LA R∴□ CHAP∴ DE LA

CLÉMENTE AMITIÉ,

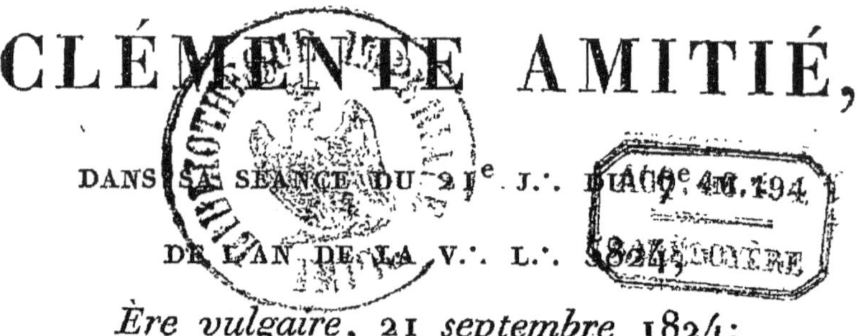

DANS SA SÉANCE DU 21e J∴ DU 6e M. 194

DE L'AN DE LA V∴ L∴ 5824,

Ère vulgaire, 21 septembre 1824;

PAR LE F∴ LEBLANC DE MARCONNAY,

Vén∴ Tit∴ de cette R∴ □.

O∴ de Paris,

5824.

a.·. L.·. G.·. O.·. G.·. a.·. O.·. L.·.

Extrait du Livre d'Architect.·. de la R.·. ▭ Saint-Jean, sous le titre distinctif de la Clémente Amitié.

O.·. de Paris, le 21ᵉ J.·. du 7ᵉ M.·. de l'an de la V.·. L.·. 5824 (ère vulgaire, le 21 septembre 1824).

La R.·. ▭ de la Clémente Amitié, régulièrement convoquée, et présidée par le F.·. Leblanc de Marconnay, son V.·. tit.·., dans un lieu fort et couvert, où règnent la Paix, l'Union et la Tolérance.

Tous les FF.·. à leur Off.·., les Col.·. garnies d'un grand nombre de FF.·. et de Visit.·.

Les Trav.·. sont ouverts par le Vén.·. au 1ᵉʳ G.·. symbol.·.; tous les FF.·. sont décorés des signes de deuil; un crêpe funèbre ombrage la bannière; l'urne funéraire se remarque à l'O.·.

Le Vén.·. prend la parole et dit :

Mes FF.·., notre souverain M.·. Louis XVIII vient de terminer sa carrière : je l'ai vu aujourd'hui sur ce trône où il siégeait avec tant d'éclat; je l'ai vu! mais sous un voile funèbre, entouré des signes de la mort... Mon sang s'est glacé dans mes veines, et je n'ai pu que pleurer!...

Gémissons sur sa perte, et rendons à sa dépouille mortelle les honneurs que nous rendons à celle de nos Ill.·. FF.·.

Après ces paroles, une triple Bat.·. de deuil est tirée par tous les FF.·., et chacun reste dans le recueillement de la douleur.

Le Vén∴ reprend la parole et prononce un morceau d'Architecture entièrement Maçon∴

La première partie est consacrée à la perte faite par la France entière, et la Maçou∴ en général.

Une triple Bat∴ de deuil accueille cette portion du discours, et est accompagnée des mots sinistres, *Gémissons! gémissons! gémissons!*

La seconde partie ramène l'espérance et la félicité dans les cœurs, en proclamant l'heureux avènement au trône de S. M. Charles x.

Ce discours à peine achevé, une triple Bat∴ fait retentir la voûte du Temple, et le vivat consacré est remplacé par le cri français *Vive Charles* x!

Le Vén∴ reprend la parole et dit:

«Mes FF∴, la Maçon∴ est tolérée en France, et nous devons à cette tolérance les douces émotions que nous venons d'éprouver dans cette séance. En Angleterre, les Maç∴, protégés, ont l'insigne faveur de faire parvenir leurs félicitations au pied du trône. Sollicitons une pareille grâce, afin que notre soumission soit connue de notre auguste monarque. Je propose de faire remettre à S. M. un Extrait des travaux de ce jour; ce sera un monument durable de notre amour et de notre fidélité à nos princes.»

Cette proposition est vivement appuyée par tous les membres, et ils demandent que le discours entier du Vén∴ y soit joint afin de faire connaître la tendance de la Maçon∴ en général, et de la R∴ ☐ de la Clémente Amitié en particulier.

Les Trav∴ sont fermés, et tous les FF∴ se retirent en paix.

DISCOURS DU VÉNÉRABLE.

Mes FF∴.

La chaîne d'union vient d'éprouver une rupture qui doit atteindre chacun de nos cœurs ; un des anneaux de cette chaîne, celui qui approchait le plus près de l'O∴., s'est tout à coup rompu ; un de nos FF∴. vient d'expirer, et nos yeux baignés de larmes doivent se tourner vers le G∴. A∴. de l'univers pour le supplier d'accorder près de lui à cet Ill∴. M∴. la place que réclament ses vertus.

Mais le titre de F∴. n'était pas le seul titre qui lui méritait notre amour, il était notre souverain, notre père, et après le G∴. A∴. de l'univers c'était à lui qu'appartenait notre premier hommage. Il n'est plus !!.... Il est allé recevoir son salaire d'un maître qui est aussi le nôtre ; et s'il lui eût fallu, pour monter jusqu'aux cieux, l'aide de ses FF∴. aucun de ses sujets, aucun de ses enfans n'eût hésité à suivre la même route. S. M. Louis xviii a terminé, le 16 de ce mois, une carrière long-temps tourmentée par le deuil et la désolation ; mais une juste Providence avait permis qu'avant de quitter cette vie, il pût, en reprenant le trône de ses ancêtres nous faire connaître , nous faire apprécier la sagesse et la douceur de son gouvernement. Il ne m'appartient pas de faire son éloge comme souverain ; cette tâche outrepasserait mes forces , mon amour ne pourrait remplacer mes moyens ; et d'ailleurs , il est de ces choses tellement élevées que les mortels les gâtent alors qu'ils les touchent.

Je parlerai seulement de son existence maçoniq∴, et comme Maç∴ je me hasarderai à attacher quelques fleurons nouveaux à sa couronne mystique : car, mes FF∴ , rappelez-vous cette sentence : « A la mort de l'homme, ses œuvres sont connues. (1) »

Dans la noble carrière que nous parcourons tous, mes FF∴, S. M. Louis xviii, comme dans le monde profane, était à l'apogée de sa gloire. Il fut initié en 1784, avec son Illustre F∴ ; tous deux connurent les douces maximes proclamées dans nos temples ; tous deux surent apprécier l'utilité d'un ordre tout religieux, tout moral et tout bienfaisant. Ils s'associèrent à nos laborieux travaux, et leur donnèrent une illustration nouvelle. Heureux le Vén∴ qui put s'enorgueillir de leur donner l'accolade et de les appeler le premier du doux nom de F∴ ! Heureux le Temple assez favorisé du G∴ A∴ de l'U∴ pour entendre le serment sacré qu'ils prononcèrent !

____

(1) Ecclés., chap. 11, v. 30.

Quand des événemens affligeans, sur lesquels ils faudrait jeter un voile épais, forcèrent ces Ill∴ FF∴ à quitter l'O∴ qu'ils éclairaient, tous les M∴ éprouvèrent la plus vive peine, et les temples retentirent de leurs gémissemens.

Dans leur long exil, parmi leurs longs voyages sur des terres étrangères, nos vœux les suivirent. Ils ne se rappelèrent pas alors, sans doute, sans quelque plaisir, cet antique usage observé par nous avec tant de religion dans nos banquets, de boire à nos FF∴ malheureux, à nos FF∴ voyageurs, et de prier pour le succès de leurs entreprises. Ils purent s'écrier avec vérité, à chaque fête de Saint-Jean : « Nos sujets fidèles, dans cet « instant, nous portent leurs hommages et for- « ment des désirs que nous accomplirons ». Paroles que le roi Charles II appliquait aux Maç∴ anglais, alors qu'ils travaillaient dans l'ombre avec tant d'ardeur à la restauration. Vous peindrais-je avec quelle magnanimité l'Ill∴ F∴ dont nous déplorons la perte mit en pratique ce devoir maçoniq∴ qui nous prescrit la charité ?.... Non, mes FF∴, mes expressions seraient trop faibles, et j'emprunterai celles du patriarche Tobie : « Tout captif qu'il était, il n'abandonna point « la voie de la vérité ; mais il distribuait chaque jour « tout ce qu'il avait au profit de ceux de sa nation « qui étaient avec lui en captivité ; il allait tous les « jours visiter ses FF∴ pour les consoler et leur « faire part de son bien autant qu'il pouvait, il

« avait grand soin de donner à manger à ceux qui
« avaient faim, des habits à ceux qui n'en avaient
« point. » (1)

Dans ces temps de troubles, parmi ces tribula-
tions, les Maç∴ des divers O∴ remplirent leurs
devoirs : d'innombrables traits de dévoûment,
d'amitié, de philantropie, attestent le progrès
des vertus parmi les ouvriers; et chacun de ses
traits arrivant à la connaissance du Roi Maç∴,
ne faisait qu'augmenter son estime pour la
Maç∴.

Il avait, avec sa famille, choisi pour séjour le
pays où l'art royal prit naissance, le seul pays où
les enfans de la veuve ne sont pas calomniés, le
pays où les grands aiment à se revêtir d'un tablier,
emblème de l'innocence, qui leur rappelle que
l'homme, dans quelque condition qu'il soit né,
est fait pour le travail. Là, il eut les yeux cons-
tamment frappés des vertus maçoniq∴; il vit travailler d'habiles ouv∴, il put remarquer dans les
cérémonies funèbres le F∴ accompagner son F∴
jusqu'à sa dernière demeure, et verser de tendres
larmes sur son tombeau.

Revenu dans ses États par les décrets de la di-
vine Providence, reçu par son peuple avec une
éloquente joie, son cœur dut encore palpiter en
apprenant combien cet heureux retour avait été
senti par toute la Maç∴, et de combien de batte-

(1) Livre de Tobie, chap. 1er, v. 2, 3, 19 et 30.

ries nos Temples avaient retenti à la proclamation de son nom.

Dès lors on admira ce règne fortuné,
Et commencé trop tard, et trop tôt terminé (1).

Assis sur le trône de ses pères, la dignité de monarque dut faire disparaître la qualité de F∴ Mais cet excellent prince n'en protégea pas moins les ouv∴; et, tandis que d'odieuses calomnies armèrent la sévérité de plusieurs Rois contre les Maç∴, tranquille sur nos travaux, rassuré sur nos cœurs, il n'accueillit aucune dénonciation contre nous. « Je suis Maç∴ moi-même, répondait-il à nos détracteurs, et je connais les maximes professées dans les temples.... » Puissent ces paroles mémorables, à jamais gravées dans notre mémoire, parvenir jusqu'aux oreilles des princes qui ignorent ce que nous sommes ! Puissent-ils revenir à des sentimens plus conformes à la tolérance, et être jaloux de ressembler au monarque que nous pleurons, qui pouvait dire avec Job : « J'étais l'œil de l'aveugle, le pied du boiteux, le « père des pauvres, et j'examinais avec soin les « causes que j'avais à juger (2). »

Hélas ! le juste a passé sur la terre ! et il me semble entendre ces paroles sacrées retentir à mes

(1) Henr., chap. 10.
(2) Job, chap. 19, v. 15 et 16.

oreilles : « Filles de Jérusalem , ne pleurez pas sur « moi, mais pleurez sur vos enfans. (1) »

Il n'est plus, mes FF∴, et cette perte est pour nous celle de notre maître Hiram : car, sans doute, cette allégorie nous désigne le souverain , puisque c'est lui qui est notre premier maître. Gémissons donc sur son sort; prions le G∴ A∴ de l'U∴ de lui être propice, et puissent nos accens lugubres, perçant la voûte céleste , parvenir jusqu'à lui ! !

Gémissons ! gémissons ! ! gémissons ! ! !

(*Ici une batterie de deuil , et les FF∴ restent un instant dans un douloureux recueillement.*)

Mais, mes FF∴, rappelons-nous ces paroles de l'évangéliste saint Mathieu : « Bien heureux ceux « qui pleurent, parce qu'ils seront consolés; » et après avoir rendu nos derniers devoirs à la mémoire de notre Monarque auguste, consolons-nous, le Roi ne meurt pas en France; consolons-nous, un autre F∴ vient de monter sur ce trône glorieux; consolons-nous, nous avons un nouveau maître.

S. M. Charles x est aussi Maç∴.; il connaît aussi nos aphorismes, il apprécie également nos travaux; il protégera sans doute notre existence.

Consolez-vous, enfans de la veuve, votre bienfaiteur vient de renaître de ses cendres !

Aussi magnanime, aussi juste, aussi philantrope que son Ill∴ F∴, notre auguste souverain

______

(1) J.-C. allant à la mort.

partagea ses trav∴ maçoniq∴, il prêta les mêmes sermens, il connut les mêmes mystères ; rassurons-nous sur l'avenir, et prenons confiance dans ses vues bienfaisantes.

La calomnie peut encore nous couvrir de son souffle empoisonné ; mais, pour parvenir au digne maître qui nous gouverne, il faudrait qu'il oubliât les principes sur lesquels est fondée l'association maçoniq∴ ; et ces principes sont trop en harmonie avec son cœur pour qu'ils puissent jamais sortir de son imagination. Non, dira-t-il, les Maç∴ ne sont point impies ! puisque leur première obligation est d'adorer Dieu, que le nom du Très-Haut est inscrit dans un rayon de lumière au-dessus de la place du Vén∴, et qu'ils sont sous le patronage de saint Jean, fils de Zébédée, et de saint Jean-Baptiste, les plus fermes soutiens du Christianisme ; non, les Maç∴ ne sont pas des sujets enclins à la rébellion, puisque leur seconde obligation est la fidélité au Roi, et que jamais ils n'ont dévié de cette fidélité.

Il se rapellera avec une sorte d'orgueil pour les Maç∴ existans dans ses états, ces statuts extraits des anciennes archives des Loges répandues sur la surface de la terre, et qui prouvent par leur antiquité, que les Ouv∴ n'ont jamais dû travailler à la destruction de ce qu'il y a de plus sacré dans le monde.

Ecoutez ces statuts, mes FF∴, et pénétrez-vous-en !....

TOUCHANT DIEU ET LA RELIGION.

« Un Maç.·., en vertu de son titre, est obligé
« d'obéir à la loi morale, et s'il entend bien l'art,
« il ne sera jamais un athée stupide, ni un liber-
« tin sans religion. Dans les anciens temps, les
« Maç.·. étaient obligés, dans chaque pays, de
« professer la religion de leur patrie ou nation,
« quelle qu'elle fût; mais aujourd'hui, laissant à
« eux-mêmes leurs opinions particulières, on
« trouve plus à propos de les obliger seulement
« à suivre la religion sur laquelle tous les hommes
« sont d'accord : elle consiste à être bons, sin-
« cères, modestes et gens d'honneur, par quelque
« dénomination où croyance particulière qu'on
« puisse être distingué; d'où il s'en suit que la
« Maç.·. est le centre de l'union et le moyen de
« concilier une sincère amitié parmi les per-
« sonnes qui n'auraient jamais pu sans cela se
« rendre familières entre elles. »

TOUCHANT LE ROI.

Un Maç.·. est un paisible sujet des puissances
civiles : en quelque endroit qu'il réside ou tra-
vaille, il ne trempe] jamais dans les complots et
conspirations contraires à la paix et au bien

d'une nation; il est obéissant aux magistrats infé-
rieurs. Comme la guerre, l'effusion du sang et la
confusion ont toujours fait tort à la Maç∴, les
anciens rois et les princes en ont été d'autant plus
disposés à encourager ceux de cette profession, à
cause de leur humeur paisible et de leur fidélité.

Faut-il encore vous rappeler ici d'autres statuts
et usages dans les loges françaises il y a un siècle?
vous y trouverez les mêmes maximes.

« Nul ne sera reçu dans l'ordre qu'il n'ait pro-
« mis et juré un attachement inviolable pour
« la religion, le Roi et les mœurs.

« Nul hypocrite en probité, en valeur, en dé-
« votion ni en morale sévère, ne pourra entrer
« dans l'Ordre.

« Nul bel esprit qui aura médit, calomnié,
« satyrisé en vers ou en prose, et dépensé ses ta-
« lens en faux frais et en sornettes obscènes ou
« impies, ne sera reçu qu'après avoir fait un ou-
« vrage contre sa propre impertinence. »

Ce langage vous annonce que ces statuts ne
sont pas nouveaux; mais ils sont encore la base
des principes qui régissent la Maç∴ De pareils
monumens ne nécessitent aucune apologie, et ce
serait une réponse victorieuse à ceux qui nous
calomnient.

Non, mes FF∴, espérons que l'envie ne vien-
dra pas détruire nos temples : les rois, de tous
temps, ont daigné regarder d'un œil favorable

ces hommes qui, à l'aide d'une mysticité néces-
saire, ont fait fleurir la vertu et la bienfaisance
dans leurs États. Confions-nous donc en la justice
de notre cause, en la pureté de nos cœurs, et
surtout en l'équité de notre auguste Monarque;
il sait que l'usurpateur Cromwel emprunta dans
les Psaumes de David et les paroles de l'Évangile
les armes criminelles qui lui frayèrent le chemin
à une odieuse dictature; mais il sait aussi lire
dans les cœurs, et distinguer la véritable vertu
d'avec l'hypocrisie, il nous dira comme notre
Seigneur dit à Abraham : « Ne craignez point, je
« suis votre protecteur, et je vous ferai une grande
« récompense. (1) » Comme sujets fidèles, comme
societé française, empressons-nous de joindre
nos vœux à ceux de la France entière, pour té-
moigner à notre majestueux Monarque tout notre
amour et toute notre soumission; que ce temple
retentisse d'une triple batterie en son honneur;
qu'il apprenne que la M∴ entière lui est dévouée,
et que la R∴ ⬒ de la Clémente Amitié lui voue
en particulier une fidélité sans bornes; qu'il
daigne se persuader que la Maç∴ est encore prête
à soumettre l'étendard de l'équerre et du compas
à celui de la croix pour défendre le trône et la
patrie, comme aussi que, soumis à ses ordres
souverains, nous serions les premiers à déposer à
ses pieds nos outils, si jamais il pouvait concevoir

____

(1) Genèse, chap. 15, v. 1ᵉʳ.

quelques doutes sur la régularité de nos travaux.

(Ici une triple batterie est tirée, accompagnée de l'acclamation : Vive le Roi ! vive à jamais le Roi ! !

Pour copie conforme :

Le Vén∴ tit∴
LEBLANC DE MARCONNAY,
S∴ P∴ R∴ ✠.

Le 1er Surv∴   Le 2e Surv∴
PARISET fils jᵉ,   GODAIN,
R∴ ✠.   R∴ ✠.

Barbier, R∴ ✠; Bossu, M∴; Gosse père, R∴ ✠; Gosse fils, R∴ ✠; Gosse (Théodore), R∴ ✠; Langlet, R∴ ✠; Lesage, R∴ ✠; Richard fils, M∴; Debrie, M∴; le baron Girauld de Coëhorn, Chev∴ Kad∴; Vachelot, M∴; Alexandre, M∴; Carré, M∴; Raynaud, M∴; Maylin, M∴; Weppel, M∴; Chartier, Comp∴; Appert, Comp∴; Guibert, M∴; Delanchy fils, R∴ ✠; Bègue-Clavel, 32ᵉ; Millet, Chev∴ Kad∴ 30ᵉ; Guiffrey; 33ᵉ; Boucher, R∴ ✠; Duchaussay, 18ᵉ.

Timbré et scellé par nous   Par mandement de la ▢,
garde des sc∴ et arch∴,   le secrét∴ tit∴,
GRAFF,   BIN,
M∴.   M∴.

Imprimerie de Marchand du Breuil, rue de la Harpe, n. 80.